Contraste insuffisant

NF Z 43-120-14

L 45
24.

Table des Mémoires

Alfiéri	T. 26
Argenson	1
Bachaumont	3
Bésenval	4
Bouillé	2
Campan	10
Clairon	6
Cléry	9
Collé	4
Daunou	12
Dazincourt	6
Duclos	2
Du Hausset	3
Dumouriez	11-12
Elliot (Mme)	27

Table des Mémoires

Alfiéri	T. 26
Argenson	1
Bachaumont	3
Bésenval	4
Bouillé	2
Campan	10
Clairon	6
Cléry	9
Collé	4
Daunou	12
Dazincourt	6
Duclos	2
Du Hausset	3
Dumouriez	11–12
Elliot (Mme)	27

	Tome
Garick	6
Genlis	15-16
Goldoni	6
Holland (Lord)	27
Journées de 7bre	18
Latude	28
Lauzun	25
Lekain	6
Lévis (Duc de)	14
Ligne (Prince)	90
Linguet	28
Louvet	12
Marmontel	5
Masson. Mres sur la Russie	22
Mémoires Secrets sur la Russie	22
Molé	6
Montpensier	9
Préville	6

Princesse Palatine (Mère du Rég.) 1
Richelieu — — — 16-17
Roland — — — — — 8
Ségur (de) — — — 19-20
Souvenirs de Berlin — 23-24
Staal (Mme de) 1
Thiébault Souv. de Berlin 23-24
Tilly (comte de) — — — — 25
Vaublanc — — — — 13
Weber — — — — 7

Mémoires sur les Journées Révolution.
nouvelle série, p. de Lescure.   T. I-II

CATALOGUE
DES MÉMOIRES

RELATIFS

A L'HISTOIRE DE FRANCE

publiés pendant le 18ᵉ siècle

AVEC AVANT-PROPOS ET NOTES

PAR

M. F. BARRIÈRE

IN-18 ANGLAIS. — TROIS FRANCS LE VOLUME

Mᵐᵉ DE MONTMORENCY
LES NIÈCES DE MAZARIN
LOUIS XVI ET SA COUR
MARIE-ANTOINETTE
IN-8°

PARIS
LIBRAIRIE DE FIRMIN DIDOT FRÈRES, FILS ET Cⁱᵉ
IMPRIMEURS DE L'INSTITUT
Rue Jacob, 56

MÉMOIRES
DE
MADAME DE STAAL
DU
MARQUIS D'ARGENSON
DE MADAME, MÈRE DU RÉGENT
ET DE SAINT-SIMON

1 VOLUME IN-18

MÉMOIRES DE MADAME DE STAAL.

AVERTISSEMENT DES ÉDITEURS. — AVANT-PROPOS. — Mémoires de madame de Staal; sa naissance. — Madame de Grieu; couvent de Saint-Louis. — Mademoiselle de Silly. — Première inclination; vers à Doris. — Mademoiselle d'Épinay. — M. de Vertot. — M. de Silly; M. de la Ferté. — Mort de madame de Grieu. — Arrivée à Paris. — La duchesse de la Ferté. — La duchesse du Maine; M. de Malezieu. — L'abbé de Chaulieu; M. de Polignac; l'*Anti-Lucrèce*. — Sceaux; les Nuits. — Le duc d'Orléans; les Princes légitimés; Parlement. — Cellamare; mademoiselle Delaunay à la Bastille. — Menil. — Maison-Rouge. — M. Dacier. — M. de Staal. — Mort du duc du Maine; son portrait.

MÉMOIRES DU MARQUIS D'ARGENSON.

NOTICE. — Mémoires; M. d'Argenson garde des sceaux. — Anecdotes diverses sur le temps de la régence. — Mort du duc d'Orléans; intendance de Valenciennes. — Arrivée de la reine de France (1725). — Madame de Prie. — Alberoni. — Le cardinal de Rohan. — M. de Moncrif, de l'Académie française. — MM. de Vendôme. — MM. de Belle-Isle. — Le cardinal Fleury. — Fragments historiques concernant son ministère. — De la conversation d'autrefois et de celle d'aujourd'hui. — M. de Fontenelle.

MÉMOIRES DE MADAME, MÈRE DU RÉGENT.

NOTICE sur Madame, mère du Régent. — Mémoires; son mariage; Louis XIV. — La Maintenon. — Philippe I, duc d'Orléans. — Adélaïde de Savoie. — Bâtards du duc d'Orléans.

MÉMOIRES DE SAINT-SIMON.

NOTICE sur Saint-Simon. — Extraits de ses Mémoires.

MÉMOIRES
DE DUCLOS

1 VOLUME IN-18

INTRODUCTION. — PRÉFACE. — Dernières années de Louis XIV. — Villeroy, protégé de madame de Maintenon; son ineptie. — Chamillard. — Désastres, famine, hiver de 1709. — Soupçons vagues sur le duc d'Orléans. — Paix de Rastadt. — La princesse des Ursins. — Sa disgrâce. — Les princes légitimés. — Testament du roi. — Sa vieillesse. — Questions religieuses; Jésuites; Port-Royal. — Le Père la Chaise, confesseur du roi. — Le Père Tellier. — L'ambassade de Perse. — Mademoiselle Chausseraie; le cardinal de Noailles. — Derniers jours de Louis XIV; coup d'œil sur son règne. — Régence du duc d'Orléans. — Dubois. — Le chevalier de Bouillon; bals de l'Opéra. — Soupers du Régent. — La duchesse de Berri; sa vie licencieuse; le comte de Riom. — Albéroni et le duc de Vendôme. — L'évêque de Lipari; trois excommunications pour des pois chiches. — Law; son système. — Le vice-amiral Coëtlogon; sa grandeur antique. — Le czar Pierre I, à Paris. — Diamants de la couronne; *le Régent.* — Désordre des affaires; édits ruineux; murmures et chansons. — États de 1718. — Saint-Simon passionné contre le Parlement. — Lit de justice. — La Fillon; Cellamarre; arrestations. — Un mot sur Charles XII. — Mort de la duchesse de Berri. — Mort de madame de Maintenon. — La Tencin. — Law, contrôleur général. — Dubois, archevêque de Cambrai. — Le comte de Horn. — Le Mississipi. — Exil du Parlement à Pontoise. — Dubois, cardinal. — Maladie du roi. — Helvétius. — Fleury. — Arrestation de Villeroy. — Dubois, premier ministre. — La marquise de Prie. — Le contrat de mariage de Dubois. — Breteuil. — La cour à Meudon. — Mort de Dubois; particularités. — Mort du duc d'Orléans. — Règne de Louis XV; M. le Duc; ministère de Fleury. — Notes.

MÉMOIRES
DE
MADAME DU HAUSSET
FEMME DE CHAMBRE DE MADAME DE POMPADOUR
ET DE BACHAUMONT

1 VOLUME IN-18

AVERTISSEMENT DES ÉDITEURS. — AVANT-PROPOS. — Notice sur la vie et les ouvrages de M. Cranfurd. — Essai sur la marquise de Pompadour. — Jeanne-Antoinette Poisson. — Les petits cabinets. — Le duc de Choiseul. — Jean-Jacques; le Hibou de Minerve. — Exil du comte d'Argenson. — Avertissement.

MÉMOIRES DE MADAME DU HAUSSET.

La poudre de *Prelinpinpin*. — Le roi né mélancolique. — Prise de Mahon; Richelieu. — Conte japonais. — Madame de Pompadour aux expédients; essai de régime; truffe et céleri. — Le Parc-aux-Cerfs. — La Mère abbesse. — Madame de Coislin ; Alarmes de madame de Pompadour. — Mademoiselle Dorothée. — L'abbé de Bernis. — Mot de Voltaire sur Pompignan. — Lettres anonymes au roi. — Paroles de Louis XV sur Voltaire et les gens de lettres. — Le comte de Saint-Germain. — M. de Beaumont ; sa candeur évangélique. — La Bontemps. — Mademoiselle Romans. — Morceaux historiques servant d'éclaircissements pour les Mémoires de madame du Hausset. — (A) - Spectacles des petits cabinets de Louis XV. — (B) - De la destruction des jésuites en France. — Récit de la mort de Laurent Ricci, dernier général des jésuites, avec une délibération écrite et signée de sa main. — Protestation de Laurent Ricci. — (C) - Extrait d'un article écrit par M. de Meilhan sur M. le duc de Choiseul. — (D) - Sur le Dauphin, fils de Louis XV. — (E) - Sur madame la duchesse de Gramont. — (F) - Notice sur le cardinal de Bernis.

MÉMOIRES HISTORIQUES ET LITTÉRAIRES DE BACHAUMONT.

MÉMOIRES
DU
BARON DE BESENVAL
COMÉDIE DE COLLÉ

1 VOLUME IN-18

AVANT-PROPOS. — Notice sur la vie du baron de Besenval. — Mémoires du baron de Besenval. — Anecdotes de Louis XIV avec M. de Naugis et M. le duc d'Orléans. — Anecdote sur mon père. — Anecdotes sur le roi de Portugal. Intrigue de M. le duc de Richelieu avec mademoiselle de Charolais et mademoiselle de Valois. — Aventure singulière. — Mariage de M. le duc de Chartres avec mademoiselle de Penthièvre. — Anecdote du président de Montesquieu et de milord Chesterfield. — De la maréchale de Luxembourg. — Madame de Gontaut manque d'être maîtresse du roi ; quelques anecdotes sur son compte ; caractère du duc de Gesvres. — Aventure plaisante. — Anecdote sur le canal de Languedoc. — Aventures de la société. — Lettre du comte de Frise au baron de Besenval. — Exil du duc de la Rochefoucauld. — Disgrâce de M. d'Argenson. — Disgrâce de M. le duc de Choiseul, ministre d'État. — Anecdote sur M. de Choiseul à Rome. — Sur la paix conclue en 1762. — Sur le roi d'Espagne. — Anecdote sur le renvoi des jésuites. — Mort du roi Louis XV. — Anecdote de Louis XV; réflexions sur M. de Necker. — Exil du duc d'Aiguillon. — Des Parlements. — Origine et fortune de M. de Vergennes, ministre. — Mort du chevalier de Muy ; nomination de M. de Saint-Germain au ministère de la guerre. — La duchesse de Polignac, gouvernante des enfants de France. — Combat de M. le comte d'Artois et de M. le duc de Bourbon. — De la société des rois. — Procès du cardinal de Rohan. — Lettre du baron de Besenval au comte de Ségur ; assemblée des notables. — L'archevêque de Toulouse nommé ministre principal.—Édit d'emprunt. Édit pour accorder le droit de citoyen aux protestants; portrait de M. le duc d'Orléans; exil de ce prince et des conseillers Freteau et l'abbé Sabatier de Cabre. — Établissement des grands bailliages et d'une cour plénière; portraits de la famille royale et du ministère; détail de ce qui se passa dans les provinces; la cour prend le parti de la fermeté; le gouvernement près de faire banqueroute; rappel de M. Necker; cours de la justice rétabli; exilés rappelés; démission de M. de Lamoignon; M. de Barentin garde des sceaux. — Ce qui m'est arrivé à la révolution de 1789. — 12, 13 et 14 juillet 1789; ma prison et mon procès. — Notes historiques. — Avertissement.

COLLÉ. — *La Vérité dans le vin, ou les désagréments de la galanterie* (comédie).

MÉMOIRES
DE MARMONTEL

1 VOLUME IN-18

INTRODUCTION. — Mémoires d'un père pour servir à l'instruction de ses enfants.

LIVRE PREMIER. — Marmontel; sa naissance. — Le collège de Mauriac. — Vacances de Noël. — Marmontel entre les jésuites et les oratoriens. — Mort de son père.

LIVRE DEUXIÈME. — Le hameau d'Abloville. — Sœurs grises; les rêves. — Jeux Floraux. — Billet de Voltaire; départ pour Paris.

LIVRE TROISIÈME. — Accueil de Voltaire. — Madame Harenc. — Mademoiselle Clairon. — *Denys le Tyran;* succès. — Voltaire et Vauvenargues. — Mademoiselle Navarre. — *Aristomène.*

LIVRE QUATRIÈME. — Le maréchal de Saxe; ses deux maîtresses. — Madame de la Poplinière. — Fréron; l'abbé Aubert. — Madame de Pompadour. — Quinault. — Rameau. — Le vieux Crébillon.

LIVRE CINQUIÈME. — M. de Marigny. — Versailles. — Costumes de théâtre; Réformes. — L'abbé de Bernis et Gentil-Bernard. — *Contes moraux.*

LIVRE SIXIÈME. — *Le Mercure.* — Panard; *le Temple.* — Madame Geoffrin. — Marivaux; Saint-Lambert; Helvétius. — L'abbé Galiani. — Collé; Crébillon fils. — Le duc d'Aumont; la Bastille.

LIVRE SEPTIÈME. — Voltaire; *la Pucelle.* — Hénault et Moncrif. — Madame du Deffant. — Mademoiselle l'Espinasse. — Buffon. — Diderot.

LIVRE HUITIÈME. — *Bélisaire.* — Rumeur de la Sorbonne. — M. de Marigny. — Mort de Madame Filleul.

LIVRE NEUVIÈME. — Grétry; *Lucile.* — *Zémire et Azor.* — *Les Incas.* — Mort de Duclos; Marmontel historiographe. — La maréchale de Beauvau.

LIVRE DIXIÈME. — Mademoiselle de Montigny. — Madame Necker. — *Héloïse.* — Voltaire et Rousseau. — D'Alembert.

LIVRE ONZIÈME. — La Harpe. — L'abbé Maury. — Thomas; ses *Essais.* — L'abbé Morellet. — Notes.

MÉMOIRES

DE

MADEMOISELLE CLAIRON

DE LEKAIN, DE MOLÉ

DE DUBUS-PRÉVILLE, DE DAZINCOURT

DE GARRICK ET DE GOLDONI

1 VOLUME IN-18

MÉMOIRES DE MADEMOISELLE CLAIRON.

INTRODUCTION. — Ordre de début. — Anecdote sur *Rodogune*. — Voyage de Bordeaux. Lettre à M. Muis.... La robe, ou la visite de M. le maréchal de Richelieu. — Suite de la journée. — Lettre au comte de Valbelle. — Explication avec S. A. S. Madame la margrave d'Anspach. — Lettres à S. A. S. Monseigneur le margrave d'Anspach. — Réflexions sur la déclamation théâtrale. — Exemple de la nécessité de rapporter tout à l'art. — Mémoire. — Extérieur. — Rôles forts. — Vêtements. — Danger des traditions. — Sur le blanc. — Aperçu de Roxane dans *Bajazet*. — *Phèdre*. — Portrait de mademoiselle Dumesnil.

MÉMOIRES DE LEKAIN.

Faits particuliers sur ma première liaison avec M. de Voltaire. — Événement qui a fait naître l'idée d'une nouvelle édition de la tragédie du *Cid*, de P. Corneille. — Détail historique sur des changements faits à la tragédie de *Venceslas*, de Rotrou. — Particularités sur la remise et la nouvelle édition d'*Adelaïde du Guesclin*, tragédie de M. de Voltaire. — Note historique. — Lettre à M. Corneille, en réponse à celle qu'il avait écrite à l'assemblée, pour en obtenir le bénéfice d'une représentation. — Délibération des comédiens du roi, prise à l'occasion de la *Centenaire* de Molière. — Lettre du sieur Lekain à M. le duc de Duras. — Réponse de M. le duc de Duras au sieur Lekain. — Annonce faite au public. — État général de toutes les entrées gratuites à la Comédie française. — Liste des entrées gratuites à la Comédie française, telle qu'elle fut imprimée au premier avril 1726.

MÉMOIRES DE P.-L. DUBUS-PRÉVILLE.

Réflexions de Préville sur l'art du comédien. — APPENDICE. — Détails sur Bellecour, Lekain, etc., trouvés dans les papiers de Préville.

MÉMOIRES DE DAZINCOURT.

Vie de Dazincourt.

MÉMOIRES DE MOLÉ.

Éloge de mademoiselle Dangeville. — Notice de François-René Molé, artiste dramatique, sur les Mémoires de H.-L. Lekain. — La *Matinée du Comédien de Persépolis*, proverbe en un acte. — Avertissement.

MÉMOIRES DE GARRICK.

Naissance de Garrick; goût précoce qu'il montre pour le théâtre; son retour en Angleterre; état du théâtre à cette époque. — Début de Garrick à Ipswich; son début à Londres sur le théâtre de Goodman's-Fields; il va en Irlande; nouveaux succès à Dublin. — Garrick débute à Drury-Lane; critique les acteurs les plus célèbres. — Garrick dans *Macbeth*. Mariage de Garrick; *Zara*, traduction de *Zaïre*; *Virginie*; effet produit par un seul mot. — Garrick fait venir en Angleterre Noverre et un corps de ballet; tumulte au théâtre; anecdote sur George II; *l'Apprenti*; *l'Orphelin de la Chine*; Démêlés de l'auteur de cette tragédie avec Garrick; succès de cette pièce; Sheridan entre à Drury-Lane; parodie d'un vers du *Comte d'Essex*, par le docteur Johnson. — Retour de Garrick à Londres en avril 1765; *le Singe malade*, fable par Garrick; anecdotes de son voyage; le duc de Parme; mademoiselle Clairon; *Jubilé* de Shakspeare. — *Braganee*, par Robert Jephson; retraite de Garrick; vie privée; rapports avec Sheridan; sa mort et ses funérailles. — Réflexions générales; Garrick considéré comme acteur et comme directeur de théâtre.

MÉMOIRES DE GOLDONI.

Depuis sa naissance jusqu'à son retour à Venise; depuis son retour à Venise jusqu'à son arrivée en France; depuis son arrivée en France jusqu'à la conclusion.

MÉMOIRES
DE WEBER
1 VOLUME IN-18

Naissance de la reine; son éducation; son départ de Vienne; son mariage; ses succès; son caractère; ses bienfaits; détails qui la concernent jusqu'à l'époque de la révolution française. — Des causes immédiates et des principes éloignés de la révolution française; convocation des états généraux de 1789. — Suite de la convocation des états généraux; chute de M. l'archevêque de Sens; rappel de M. de Necker; seconde assemblée des notables; ouverture des états généraux; situation de Marie-Antoinette à cette époque, et pendant les cinq années qui la précédèrent. — La famille royale de France pendant la révolution; première époque: Assemblée nationale, dite constituante; Ouverture des états généraux; débats sur la vérification des pouvoirs; mort de monseigneur le Dauphin; séance royale; prise de la Bastille, le 14 juillet 1789; débats sur la déclaration des droits de l'homme et sur le *veto*, le 5 octobre 1789; la famille royale conduite à Paris; dangers que court la reine; sa fermeté; séjour de la famille royale à Paris pendant la durée de l'Assemblée constituante, du 5 octobre 1789 au 30 septembre 1791. — Relation du voyage de Varennes, par Marie-Thérèse-Charlotte de France, S. A. R. madame la duchesse d'Angoulême. — Relation du voyage de Varennes, adressée par un prélat, membre de l'Assemblée constituante, à un ministre en pays étranger. — Déclaration de la reine. — La famille royale pendant la révolution; seconde époque: Assemblée législative; événements principaux depuis le premier octobre 1791 jusqu'au 20 septembre 1792; déclaration de guerre à Sa Majesté l'empereur; journée du 20 juin 1792; fédération du 14 juillet; arrivée des Marseillais à Paris; journée et massacre du 10 août; emprisonnement de la famille royale; massacres du 2 septembre; l'auteur de ces mémoires, emprisonné à l'hôtel de la Force, est sauvé des mains des assassins; il quitte la France, et passe en Angleterre; éclaircissements historiques et pièces officielles.

MÉMOIRES
DE
MADAME ROLAND

1 VOLUME IN-18

MÉMOIRES PARTICULIERS DE MADAME ROLAND.

INTRODUCTION. — Aperçu de ce qui me restait à traiter pour servir de dernier supplément aux mémoires sur ma vie privée. — Notes détachées. — Correspondance.

NOTICES HISTORIQUES SUR LA RÉVOLUTION.

Premier ministère de Roland. — Second ministère. — Première détention. — Seconde détention.

PORTRAITS ET ANECDOTES.

PORTRAITS. — Buzot. — Pétion. — Pache. — Gaudet et Gensonné. — Vergniaud. — Grangeneuve. — Barbaroux. — Louvet. — Lazowski. — Robert. — Chamfort et Carra. — Chénier. — Dussaulx. — Mercier. — Dorat-Cubières. — Anecdotes. — L'Abbaye. — La famille Desilles. — Fouquier-Tinville. — Marat; son costume. — Derniers écrits. — Hébert; Danton. Au commis du ministère de l'intérieur chargé de la surveillance des prisons. — Projet de lettre à Robespierre. — Lettres à M. de Champagneux. — Mes dernières pensées. — Observations rapides sur l'acte d'accusation contre les députés, par Amar. — Notes sur mon procès et l'interrogatoire qui l'a commencé. — Projet de défense au tribunal. — Supplément aux notices historiques sur la révolution. — Appendice.

MÉMOIRES
DE CLÉRY
DE LA DUCHESSE D'ANGOULÊME
DE RIOUFFE
DU DUC DE MONTPENSIER

1 VOLUME IN-18

AVANT-PROPOS. — NOTE. — Procès-verbal d'inhumation de Louis XVI; à Son Excellence monseigneur le marquis Dambray, chancelier de France. — Copie du procès-verbal de l'inhumation de Louis Capet.

MÉMOIRES DE CLÉRY.

Journal de ce qui s'est passé à la tour du Temple pendant la captivité de Louis XVI, roi de France. — Dernières heures de Louis XVI, roi de France, écrites par l'abbé Edgeworth de Firmont, son confesseur. — Récit des événements arrivés au Temple depuis le 13 août 1792 jusqu'à la mort du Dauphin Louis XVII. — Éclaircissements historiques.

MÉMOIRES DE M. LE DUC DE MONTPENSIER.

Notice sur le duc de Montpensier. — Ma captivité de quarante-trois mois.

MÉMOIRES DE RIOUFFE

Notice sur la vie de Riouffe. — Préface de l'auteur. — Mémoires d'un détenu, pour servir à l'histoire de la tyrannie de Robespierre. — Fragments et correspondance. — Stances. Religion d'Ibrascha. — Dernière lettre de Frédéric Dietrich à ses enfants. — Notes sur le jugement du citoyen Custine fils. — Les deux dernières lettres de Custine fils à son épouse. — Éclaircissements historiques et pièces officielles.

MÉMOIRES
SUR LA VIE
DE MARIE-ANTOINETTE
PAR MADAME CAMPAN
PREMIÈRE FEMME DE CHAMBRE DE LA REINE

1 VOLUME IN-18

MÉMOIRES DE MADAME CAMPAN.

Notice sur la vie de madame Campan. — Avant-propos de l'auteur.

CHAPITRE PREMIER. — Cour de Louis XV; éducation de ses filles; caractère de Mesdames; retraite de Madame Louise aux Carmélites de Saint-Denis; madame du Barry au conseil d'État; partis du duc de Choiseul et du duc d'Aiguillon, etc.

CHAPITRE II. — Naissance de Marie-Antoinette marquée par un désastre mémorable; caractère de Marie-Thérèse; éducation des archiduchesses; instituteurs de Marie-Antoinette; l'abbé de Vermond; rôle équivoque qu'il joue à la cour de France; changement dans le ministère français; ambassade du cardinal de Rohan à Vienne.

CHAPITRE III. — Madame de Noailles, surnommée *madame l'Étiquette;* brillante réception de la Dauphine à Versailles; jalousie de madame du Barry; événement malheureux de la place Louis XV; anecdotes; entrée de la Dauphine à Paris; Enthousiasme des habitants; froideur du Dauphin; intrigues de cour, etc.

CHAPITRE IV. — Maladie et mort de Louis XV; tableau de la cour; renvoi de madame du Barry; départ de la cour pour Choisy; M. de Maurepas ministre; enthousiasme qu'inspire le nouveau règne; révérences de deuil à la Muette; premiers couplets contre la reine; séjour à Marly; calomnies dont la reine est l'objet; le joaillier Bœhmer; mademoiselle

Bertin; changement dans les modes; simplicité de la cour de Vienne, etc.

Chapitre V. — Révision des papiers de Louis XV par Louis XVI; Homme au masque de fer; représentation d'*Iphigénie en Aulide*; ivresse générale; le roi donne le petit Trianon à la reine; voyage de l'archiduc Maximilien en France; ses mésaventures; couches de madame la comtesse d'Artois; les poissardes crient à la reine de donner des héritiers au trône; mort du duc de la Vauguyon; portrait de Louis XVI; de M. le comte de Provence; de M. le comte d'Artois; scènes d'intérieur, etc.

Chapitre VI. — Hiver rigoureux; courses en traîneaux; liaison de la reine avec madame la princesse de Lamballe; libelle contre Marie-Antoinette; intrigues d'un inspecteur de police; écriture de la reine contrefaite; madame la comtesse Jules de Polignac; le comte Jules, premier écuyer; la société de la comtesse Jules; portrait de M. de Vaudreuil; l'envie et la haine des courtisans contre la famille Polignac; jeux à la mode, etc.

Chapitre VII. — Le duc de Choiseul; tragédie de Guibert; *Mustapha et Zéangir*; Gluck en France; *Iphigénie en Aulide*; *Zémire et Azor*; encouragements donnés à l'art typographique; Turgot; M. de Saint-Germain; réforme des gendarmes et des chevau-légers; plaisirs de la cour; spectacle; parodies jouées à Choisy par mademoiselle Guimard; fête donnée par le comte de Provence à Brunoy; détails d'intérieur; bals masqués de l'Opéra; la reine y arrive un jour en fiacre; bruits calomnieux; anecdote de la plume de héron; portrait du duc de Lauzun; anecdote concernant l'abbé de Vermond.

Chapitre VIII. — Voyage de Joseph II en France; son caractère; ses paroles; anecdotes qu'il raconte sur la cour de Naples; sa réception à l'Opéra; première grossesse de la reine; détails curieux; retour de Voltaire à Paris; opposition du clergé à sa présentation à la cour; duel de M. le comte d'Artois avec le duc de Bourbon; déclaration du baron de Besenval à la reine; retour du chevalier d'Éon en France; anecdotes qui servent de texte aux libellistes; complots contre la reine; indignation de Louis XVI; politique du comte de Maurepas; la reine accouche de Madame.

Chapitre IX. — Réjouissances publiques; anneau nuptial volé à la reine et restitué sous le sceau de la confession; fausse-couche ignorée; mort de Marie-Thérèse; douleur de la reine; anecdotes sur Marie-Thérèse; naissance du Dauphin; joie de Louis XVI; discours et compliments des dames de la halle; banqueroute du prince de Guéménée; la duchesse de Polignac, gouvernante des enfants de France; voyages de la cour à Marly; séjour à Trianon; manière d'y vivre; prétentions du duc de Fronsac; guerre d'Amérique; Franklin; son séjour à la cour; fêtes qu'on lui donne; anecdotes, etc.

Chapitre X. — Fête et souper à Trianon; le cardinal de Rohan pénètre dans le jardin sans l'aveu de la reine; froide réception faite au comte d'Haga (Gustave III, roi de Suède), anecdotes; paix avec l'Angleterre; anecdote; mission du chevalier de Bressac auprès de la reine; cour de Naples; la reine Caroline, le ministre Acton; intervention de la France; homme devenu fou d'amour pour Marie-Antoinette; MM. de Ségur et de Castries, ministres; M. de Calonne, ministre, etc.

Chapitre XI. — Million offert à la reine par M. de Calonne pour secourir les pauvres; acquisition de Saint-Cloud; règlements de police intérieure : *de par la reine*; état de la France; Beaumarchais; *le Mariage de Figaro*; jugement que Louis XVI porte sur la pièce; cette pièce est représentée; Louis XVI et la reine surpris et mécontents; caractère de M. de Vaudreuil; anecdote.

Chapitre XII. — Affaire du collier; entretien de Bœhmer le joaillier, avec madame Campan : il est dupe d'une intrigue; surprise, indignation de la reine; le cardinal de Rohan interrogé dans le cabinet du roi et arrêté; détails sur madame de Lamotte et sa famille; arrêts du parlement.

Chapitre XIII. — Nomination de l'archevêque de Sens au ministère; argent envoyé à Vienne; anecdotes; renvoi de l'archevêque; états généraux; cris de *vive le duc d'Orléans!* Mirabeau demande une ambassade; anecdotes; préventions des députés du tiers état des provinces; mort du premier Dauphin; anecdotes.

Chapitre XIV. — Serment du Jeu de Paume; insurrection du 14 juillet; le roi se rend à l'Assemblée nationale; anecdotes; spectacle que présentent les cours du château de Versailles; particularités singulières; anecdotes; esprit des troupes; départ du comte d'Artois, du prince de Condé, du duc et de la duchesse de Polignac; le roi se rend à Paris; terreur à Versailles; assassinat de MM. Foulon et Berthier; mot affreux de Barnave; son repentir.

Chapitre XV. — Création de la garde nationale; les gardes françaises quittent Versailles; fête donnée par les gardes du corps au régiment de Flandre; journées des 5 et 6 octobre; dévouement d'un garde du corps; on veut aux jours de Marie-Antoinette; la famille royale se rend à Paris; arrivée à Paris; présence d'esprit de la reine; séjour aux Tuileries; on propose à la reine de quitter sa famille et la France; tableau de la cour; exaspération des esprits.

Chapitre XVI. — Procès et mort de Favras; projet formé pour enlever la famille royale;

étrange lettre de l'impératrice Catherine à Louis XVI; mort de l'empereur Joseph II; premier pourparler entre la cour et Mirabeau; nouveaux projets d'évasion.

Chapitre XVII. — Première fédération; tentatives d'assassinat contre la reine; relation de l'affaire de Nancy écrite par madame Campan, la nuit, dans la salle du conseil, sous la dictée du roi; entrevue de la reine avec Mirabeau, dans les jardins de Saint-Cloud; il traite avec la cour; anecdote relative à M. de la Fayette; départ de Mesdames; mort de Mirabeau.

Chapitre XVIII. — Préparatifs du voyage de Varennes; madame Campan apprend l'arrestation du roi; billet que lui écrit la reine aussitôt son retour à Paris; mesures insultantes prises pour garder le roi aux Tuileries; les cheveux de la reine blanchis; conduite, trait courageux de Barnave; particularités sur le voyage de Varennes.

Chapitre XIX. — Acceptation de la constitution; politique secrète de la cour; Louis XVI est reçu avec transport par l'Assemblée; fêtes et réjouissances publiques; la famille royale va aux Français; on se bat au parterre des Italiens; double correspondance de la cour avec l'étranger; lettre; projet d'entrevue entre Louis XVI et Barnave; tentatives d'empoisonnement contre Louis XVI; réponse de Pitt à la reine; lettre de Barnave à la reine.

Chapitre XX. — Nouveau libelle de la femme Lamotte; la reine fait ses pâques en secret, en 1792; derniers avis de Barnave; son départ de Paris; Grossière insulte faite à la reine par un homme du peuple; abattement du roi; journée du 20 juin; résignation héroïque du roi; douleur déchirante de la reine; armoire de fer; portefeuille confié par Louis XVI à madame Campan; démarche de M. de la Fayette; pourquoi elle est sans succès; un assassin se cache dans les appartements de la reine.

Chapitre XXI. — Espoir d'une prochaine délivrance; outrages à la majesté royale; sommes considérables offertes au roi par des serviteurs fidèles; situation de la famille royale; 10 août; combat; scènes de carnage; circonstances inespérées auxquelles madame Campan doit son salut; la famille royale aux Feuillants.

Conclusion. — Pétion refuse à madame Campan la permission de s'enfermer au Temple avec la reine; les soupçons de Robespierre; visites domiciliaires; portefeuille du roi, papiers qu'il renfermait avec les sceaux de l'État; correspondance secrète de Mirabeau avec la cour; seule pièce conservée remise à M. de Malesherbes; fin des mémoires.

SOUVENIRS, PORTRAITS, ANECDOTES.

Avant-propos de l'auteur. — Anecdotes du règne de Louis XIV, de Louis XV, de Louis XVI. — Causes naturelles de la mort du Dauphin, père de Louis XVI et de la Dauphine. — Anecdotes relatives à Marie Leckzinska, au règne de Louis XVI. — L'hiver de 1788. — Opinions de la reine sur la noblesse, sur Louis XIV, Louis XV et Louis XVI. — Joseph II et la Hollande. — Anecdotes diverses; une intrigante; l'abbé de cour; sur la cour.

Éclaircissements historiques. — Le collier. — Voyage de Varennes.

MÉMOIRES
DU
GÉNÉRAL DUMOURIEZ

1 VOLUME IN-18

Livre premier. — Naissance et éducation du général Dumouriez. — Guerre de Sept Ans. — Voyage en Italie et en Corse. — Voyage en Espagne et en Portugal. — Guerre de Corse;

campagne de 1768 et 1769. — Guerre de Pologne (1770 et 1771). — Retour en France. — Révolution de Suède.

Livre deuxième. — La Bastille. — Château de Caen; mariage. — Missions particulières (1775, 1776, 1777). — Commandement de Cherbourg; guerre d'Amérique.

Livre troisième. — Camp de Valenciennes; — Camp de Maulde. — Mouvement des armées. arrivée du lieutenant général Dillon; conseil de guerre. — Camps de Maulde, de Maubeuge; de Pont-sur-Sambre; journée du 10 août, serment des troupes; insurrection de la Fayette. — Commissaires de l'Assemblée nationale; Dumouriez général en chef; il va en Champagne; état de l'armée de la Fayette. — Combat de Stenay; prise de Verdun; camp de Grand-Pré. — Kellermann commande l'armée de la Moselle; Luckner à Châlons; consternation de Paris; les Prussiens devant Grand-Pré. — Les ennemis forcent la Croix-aux-Bois; retraite du camp du Grand-Pré. —

Camp de Sainte-Menehould; jonction de Beurnonville et Kellermann; combat de Valmy. — Position des Prussiens; embarras du général Dumouriez. — Suspension d'armes; négociation; manifeste du duc de Brunswick; cessation de la suspension. — Retraite des Prussiens. — Événements dans le département du Nord. — Réflexions.

Livre quatrième. — Dumouriez à Paris. — Plan de campagne général. — Plan de campagne des Pays-Bas. — Premier mouvement des armées; combats de Thulins et Boussu. — Bataille de Jemmapes. — Berneron à Ath; Prise de Tournay et d'Ostende. — Prise de Mons; combat d'Anderlecht; entrée dans Bruxelles. — Siége d'Anvers; combat de Tirlemont. — Combat de Varoux; entrée dans Liège; Prise du château de Namur. — Embarras politiques; Miranda à Buremonde. — Prise d'Aix-la-Chapelle; quartiers d'hiver. — Réflexions sur la campagne des Pays-Bas. — Éclaircissements historiques et pièces officielles.

SUITE DES MÉMOIRES
DU
GÉNÉRAL DUMOURIEZ
MÉMOIRES DE LOUVET
ET DE DAUNOU

1 VOLUME IN-18

Livre cinquième. — État des affaires générales. — État des armées. — Le général Dumouriez part de Liège. — Son séjour à Paris. — Procès du roi. — Tentatives infructueuses du général Dumouriez pour sauver le roi. — Mort du roi. — Conférence avec Cambon. — Conférence du général Dumouriez avec quelques jacobins. — Conseil d'État — Retraite de Roland. — Négociation de Hollande. — Départ de Maulde, de Maret, et du général Dumouriez.

Livre sixième. — Plan de campagne. — Formation de l'armée; Ordres à la grande armée; conseils au ministre de la guerre; Thouvenot et Petit-Jean à Anvers; ordres pour la levée des bataillons belges; Valence à Anvers; emprunt; manifeste. — Rassemblement de l'armée; sa force, prise de Bréda, Klundert, Gertruydenberg; Siège de Willemstadt; Blocus de Berg-op-Zoom, Steenberg; sommation d'Heusden; le général au Mordyck; Le général reçoit ordre de partir; instruction qu'il laisse au général de Flers. — Le général arrive à Anvers; à Bruxelles; fait arrêter Chepy et Estienne; les commissaires de la Convention viennent le trouver à Louvain. — État de l'armée; sa position; ordre du général aux différentes divisions; il prend le parti de donner bataille. Bataille de Nerwinde. — Retraite du 19; combat de Gotzenhoven. — Retraite des 20 et 21; combat sur la Welpe; Lacroix et Danton à Louvain; combat du 22. — Retraite sur Bruxelles; son évacuation; camp d'Enghien; d'Ath; arrestation du général Miranda. — Camp de Tournai. — Retraite du camp de Maulde; arrestation des commissaires de la Convention et du ministre de la guerre. — Assassinat du 4, journée du 5; départ du général Dumouriez. — Le général à Mons; établissement des Français à Leuze; congrès d'Anvers; seconde proclamation du prince de Cobourg; départ du général pour Bruxelles. — Conclusion. — Précis de la vie du général Dumouriez, extrait d'une lettre à un de ses amis.

MÉMOIRES DE LOUVET.

Avant-Propos. — Avertissement de l'auteur. — Quelques notices pour l'histoire, et le récit des périls de Louvet, représentant proscrit en 1793.

MÉMOIRES DE DAUNOU.

LIVRE PREMIER. — De la Convention nationale, depuis la Convention jusqu'au 2 juin 1793. — Extraits d'un mémoire de Daunou, destiné à ses commettants, et écrit dans la prison de Port-Libre, au mois d'août 1794, pour leur faire connaître les motifs qui lui avaient fait signer la protestation contre les journées du 31 mai et du 2 juin 1793.

MÉMOIRES

DU

COMTE DE VAUBLANC

1 VOLUME IN-18

CHAPITRE PREMIER. — Saint-Domingue; arrivée en France.

CHAPITRE II. — Visite du roi de Suède, du roi de Danemark, du comte d'Artois; Louis XV passant la revue des élèves; leçons de M. Kéralio; diverses anecdotes.

CHAPITRE III. — Départ de l'École militaire; arrivée au régiment; tenue militaire; toilette des officiers et des soldats; le duc de Gloucester à Metz; anecdotes.

CHAPITRE IV. — Départ pour Saint-Domingue; état de la colonie; guerre d'Amérique; bataille navale perdue; ancienne législation de cette colonie; caractère des nègres.

CHAPITRE V. — Retour en France pendant la guerre; rencontre d'une escadre anglaise; arrivée à Lorient; anecdote sur Mahé de la Bourdonnaye; bals de la reine à Trianon; la paix conclue avec l'Angleterre.

CHAPITRE VI. — Bonté de la reine Marie-Antoinette.

CHAPITRE VII. — Voyage de Louis XV en Normandie; il visite Cherbourg; déclamation théâtrale de ces temps.

CHAPITRE VIII. — Les modes à mon arrivée en France.

CHAPITRE IX. — Retour à Saint-Domingue; état brillant de la colonie; société des Amis des Noirs à Paris; conduite de l'Assemblée constituante, du Directoire et de ses agents dans la colonie; massacre des blancs; arrivée au cap Français du duc de Clarence, dernier roi d'Angleterre; retour en France; accident singulier pendant la traversée.

CHAPITRE X. — Voyage de la reine à Fontainebleau ; conduite du peuple des campagnes envers elle ; effets remarquables de la musique causés par un musicien allemand.

CHAPITRE XI. — Commencement de la révolution en 1789 ; marche du gouvernement ; ministres de Louis XV, de Louis XVI ; le comte de Provence, depuis Louis XVIII, dans l'assemblée des notables ; mon discours à Louis XVI ; réflexions sur lord Wellington et M. Peel ; remarques importantes sur Mirabeau, l'abbé Maury et Lafayette

CHAPITRE XII. — Éloignement de Louis XVI de toute éducation militaire.

CHAPITRE XIII. — Assemblée législative en 1792 ; caractère des différents partis ; les girondins ; Vergniaux ; M. de Narbonne, ministre de la guerre.

CHAPITRE XIV. — Les armées prussiennes en Champagne à la fin de 1792 ; conduite du duc de Brunswick.

CHAPITRE XV. — Réaction contre les jacobins ; Molé l'acteur ; lettre de Lafayette contre les jacobins ; le 20 juin ; anniversaire du 14 juillet ; approches du 10 août ; une confidence.

CHAPITRE XVI. — 16 août, mort de Mandat, commandant de la garde nationale ; Vergniaux, président de l'Assemblée ; le roi dans la loge du logographe.

CHAPITRE XVII. — Victimes de la Terreur.

CHAPITRE XVIII. — Je suis mis hors la loi, sous le règne de la Terreur ; mes aventures.

CHAPITRE XIX. — Retour à Paris après la Terreur ; 15 vendémiaire ; ma condamnation à mort ; le club des jacobins ; je concours à le faire fermer ; le général Pichegru.

CHAPITRE XX. — Situation des chambres ; conduite et opinion de Bonaparte relativement à la marche des députés ; accord secret de Carnot et de Bonaparte ; Hoche marche sur Paris ; le général Pichegru ; 18 fructidor ; je suis condamné à la déportation.

CHAPITRE XXI. — Mon arrivée en Suisse, mon voyage en Italie.

CHAPITRE XXII. — Turin, Parme, Florence et Rome.

CHAPITRE XXIII. — Retour en France, et second voyage en Italie ; les Français maîtres de Turin ; le général Souvarow en Italie ; je suis arrêté comme Français ; séjour à Venise ; conclave, élection d'un pape ; retour en France.

CHAPITRE XXIV. — Réflexions sur le gouvernement de Bonaparte ; institution des préfectures.

CHAPITRE XXV. — Mon administration dans le département de la Moselle ; de la conscription, de la population pendant la guerre ; des gardes d'honneur, des sénatoreries, de la haute police ; ordres d'arrêter MM. de Tschudy, de Pouquet et l'abbé Tournefort ; singulière conduite d'un chef de carbonari poursuivi pour des crimes ; je le fais arrêter à Metz ; affaire des Stévenistes.

CHAPITRE XXVI. — Campagne de 1813 à 1814 ; abdication de Napoléon.

CHAPITRE XXVII. — Louis XVIII en France ; retour de Bonaparte de l'île d'Elbe ; lettre que m'écrit Carnot ; le maréchal Davoust, ministre de la guerre, envoie un officier pour m'arrêter.

CHAPITRE XXVIII. — Retour de Gand. Un Prussien et un Anglais ; ma nomination à la préfecture de Marseille ; les prisonniers ; séjour de Murat en Provence ; ma nomination au ministère de l'intérieur.

CHAPITRE XXIX. — Révolution de 1830 ; anecdote ; l'ordonnance paraît ; détails sur le combat ; cause de la dissolution des troupes ; elles se rallient à Saint-Cloud ; discours des commissaires de l'Assemblée ; le roi abdique ; imprudence dans l'attaque de Paris ; paroles du grand Condé ; actions remarquables de Henri IV à l'attaque de Paris, de Cahors ; anecdotes sur l'esprit français ; prise d'Alger ; réflexions et anecdotes.

SOUVENIRS
DE FÉLICIE
PAR MAD{me} DE GENLIS

1 VOLUME IN-18

Dédicace. — Avertissement des libraires éditeurs. — Préface de la première édition donnée par madame de Genlis. — Introduction. — Souvenirs de Félicie.

SOUVENIRS ET PORTRAITS PAR LE DUC DE LÉVIS.

Avant-propos. — Préface. — Le comte de Maurepas. — Le maréchal de Richelieu. — Franklin. — La marquise du Deffant. — La maréchale de Luxembourg. — La maréchale de Mirepoix. — M. de Bougainville. — Le maréchal de Lévis. — M. de Calonne. — M. Necker. — Madame Necker. — Madame d'Angivilliers. — Le maréchal de Beauvau. — Le cardinal de Loménie. — Gustave III, roi de Suède. — Le comte de Persen. — La duchesse de Polignac. — Le baron de Besenval. — M. de Malesherbes. — Le cardinal de Rohan. — M. le duc de Guines. — Le marquis de Conflans. — Le comte d'Aranda. — Le marquis de Caraccioli. — Metra le nouvelliste. — Le prince et la princesse de Nassau. — Le duc de Biron. — L'évêque d'Arras. — L'abbé de Balivière. — Le comte Mirabeau. — Barnave. — Cazalès. — Les médecins. — Madame de Montesson. — La comtesse de Boufflers. — Georges III, roi d'Angleterre. — De l'opinion publique en France à l'époque de la Révolution. — Le batelier du lac de Genève.

MÉMOIRES
DE
MADAME DE GENLIS

1 VOLUME IN-18

AVANT-PROPOS. — Préface de l'auteur. — Mémoires de madame de Genlis. — Sa nourrice. — Accidents. — Le château de Saint-Aubin. — Lavater. M. de Châlons. — L'auteur physionomiste. — M. de la Popelinière; Gossec. — Philidor. — Viole; harpe; musette. — Le comte de Saint-Germain. — Aventures de M. de Mézières. — Madame d'Esparbès. — L'abbé Delille. — L'abbé d'Origny. — Le couvent en carnaval. — Madame de Puisieux. — *Soupers de femmes*. — Proverbes. — Le chevalier de Jaucour. — Monsigny; *Philémon et Baucis*. — J.-J. Rousseau. Préville. — Du Barry. — Palais-Royal. — Gluck. — M. de Voltaire à Ferney. — Les Porcherons. — Voyage en Italie. La duchesse de Cerifalco; le Souterrain. — Madame de Genlis quitte *le rouge* à trente ans. — Madame du Deffant. — Saint-Leu. — Voyage à la Trappe. — Le mont Saint-Michel. — La Révolution. — L'abbé Mariotini. — Chénier. — Mademoiselle Necker. — Voyage en Angleterre. — Barrère. — Pétion. — Le duc d'Orléans; *les Jacobins*. — Camp de Dumouriez. — Refuge en Suisse. — Mesdemoiselles Fernig. Hambourg; Klopstock. — Retour à Paris. — Le bourreau de Pau. — Desgenettes. — Madame Récamier.

MÉMOIRES
DU
DUC DE RICHELIEU

2 VOLUMES IN-18

TOME PREMIER

Avertissement des libraires-éditeurs. — Avant-propos.

Chapitre premier. — Naissance à sept mois; une jolie femme de chambre; une conquête du rang le plus élevé; mariage avec mademoiselle de Noailles; premier séjour à la Bastille; siége de Marchiennes; siége de Fribourg; mission flatteuse dont est chargé le duc de Fronsac; paix d'Utrecht.

Chap. II. — Le duc d'Orléans; ses nombreuses maîtresses; sorcellerie; rivalités entre une mère et sa fille; les boucles d'oreilles en diamants.

Chap. III. — Mort de Louis XIV; circonstances diverses; joie du peuple; oignons distribués sur la route du convoi.

Chap. IV. — Intrigues qui préparaient la régence; comment l'obtient le duc d'Orléans.

Chap. V. — L'abbé de Saint-Pierre.

Chap. VI. — Les roués; réponse vive d'un commissaire de police à Monsieur, frère de Louis XIV; société habituelle et soirées du régent; la duchesse d'Orléans, sa femme; caractère, mœurs dissolues de la duchesse de Berry; une aventure au Luxembourg; maison de Condé; séjour et fête de Sceaux.

Chap. VII. — Le régent et madame de Berry, sa fille, à l'Opéra; bals masqués, passion de mademoiselle de Charolais pour Richelieu; rendez-vous que donnaient les princesses; fêtes nocturnes chez le comte de Gacé; son duel avec Richelieu, qui est conduit pour la seconde fois à la Bastille.

Chap. VIII. — Lutte du parlement contre la noblesse; guerre entre les princes légitimes et les princes légitimés.

Chap. IX. — Le jansénisme à la cour du régent; mademoiselle d'Orléans abbesse de Chelles; sa vie sous le voile; son entrevue, sous l'habit d'une converse, avec le cardinal de Bissy; les princesses filles du régent; mœurs de la cour; deux femmes se battent en duel pour Richelieu.

Chap. X. — L'homme au masque de fer; ce qu'en savait Richelieu.

Chap. XI. — Conspiration de Cellamare; Richelieu renfermé pour la troisième fois à la Bastille.

Chap. XII. — Richelieu à Modène sous le costume d'un colporteur de livres; ses entrevues avec la duchesse; discours de réception à l'Académie française; particularités galantes.

Chap. XIII. — D'Argenson est fait garde des sceaux; il est d'abord lieutenant de police; ses goûts pour l'habitation des couvents; agréable existence que s'y fait d'Argenson.

Chap. XIV. — Dubois veut devenir cardinal; le régent donnant des coups de pied à Dubois; il est cardinal.

Chap. XV. — Fêtes licencieuses indiquées par mademoiselle Tencin, préconisées par Dubois et célébrées sous les yeux du régent à Saint-Cloud.

Chap. XVI. — Tableau fait par le régent lui-même du ministère après la régence.

Chap. XVII. — Orgies grecques sous les fenêtres de Louis XV, à Versailles.

Chap. XVIII. — La police s'aidant de la prostitution pour gouverner la capitale; aventures de la célèbre Fillon.

Chap. XIX. — Mort de Dubois; étranges

particularités; le duc d'Orléans premier ministre.

Chap. XX. — Portrait et mort du duc d'Orléans. M. le duc, prince de Condé, déclaré premier ministre.

Chap. XXI. — Abdication de Philippe V; règne de Louis Ier, son fils; désordres de la fille du régent reine d'Espagne; Philippe V.

Chap. XXII. — Ministère de M. le Duc; de la maison de Condé.

Chap. XXIII. — Rivalité des maisons d'Orléans et de Condé.

Chap. XXIV. — Mariage du duc d'Orléans.

Chap. XXV. — Richelieu ambassadeur à Vienne; il provoque Riperda, ambassadeur d'Espagne.

Chap. XXVI. — Entrée publique de Richelieu à Vienne; aventures des traîneaux avec la princesse de Liechtenstein.

Chap. XXVII. — Renvoi de l'Infante; Louis XV épouse la fille du roi Stanislas; irritation de l'Espagne.

Chap. XXVIII. — Maison de la reine; portraits divers; étranges précautions prises pour instruire le roi de ses devoirs d'époux.

Chap. XXIX. — Tentative de la reine et de M. le Duc pour éloigner Fleury; le duc de Mortemart.

Chap. XXX. — Exil de M. le Duc, premier ministre, et de madame de Prie.

Chap. XXXI. — Comment madame de Prie, Davernay et Dodun trompaient M. le Duc

Chap. XXXII. — Tableau de la France au commencement du ministère de Fleury; beauté du roi; sa timidité auprès des femmes.

Chap. XXXIII. — Curieux détails sur les princes et les princesses.

Chap. XXXIV. — Portrait du cardinal de Fleury, son caractère.

Chap. XXXV. — Courtisans disgraciés; la cour de Madrid; maladie de Louis XV.

Chap. XXXVI. — Polet, confesseur de Fleury; Barjac, son valet de chambre.

Chap. XXXVII. — Discours de l'abbé Pucelle; le parlement se rend à Marly; il n'est pas reçu; sévérité du roi envers le parlement; une chanson de Maurepas.

Chap. XXXVIII. — Les troubles religieux font tort à la religion; jeux à la mode; chanson concernant Fleury.

Chap. XXXIX. — Caractère du roi Louis XV, depuis sa majorité jusqu'à la mort du cardinal de Fleury; commencement de ses fameux soupers; caractère de la reine Marie, son épouse; anecdote des cent louis; anecdote du maréchal de Nangis, son favori.

Chap. XL. — Anecdotes relatives à Louis XV et à la reine Marie, avant les infidélités du roi. Amours passagères du roi; caravanes nocturnes du roi en 1737 pendant les couches de la reine; singulière aventure de madame Paulmier.

Chap. XLI. — Intrigues des seigneurs de la cour pour donner au roi une maîtresse reconnue; on jette les yeux sur madame de Mailly.

Chap. XLII. — Anecdotes sur la maison de Mailly; caractère de madame de Nesle, née Coligny; de sa belle-fille, née la Porte-Mazarin et mère des quatre fameuses favorites de Louis XV.

Chap. XLIII — Caractère des courtisans et des valets qui corrompirent Louis XV, âgé de vingt-deux ans; anecdotes conjugales du feu roi et de la feue reine.

Chap. XLIV. — Caractère et portrait de madame de Mailly; son désintéressement; sa première entrevue avec Louis XV; pudeur de Louis XV; effronterie de Bachelier; anecdote du marquis de Puysieux, premier amant de madame de Mailly; infidélités du roi; son libertinage.

Chap. XLV. — Caractère de madame de Mailly, avant et après la déclaration des faveurs du roi; ambition de sa sœur, qui plaît à Louis XV, et est déclarée seconde maîtresse en 1739; anecdote du château de Madrid; acquisition de Choisy pour les plaisirs du roi.

Chap. XLVI. — Mort et portrait du duc de la Trémouille; cabales à la cour; intrigues du cardinal de Fleury et des deux favorites; anecdotes sur madame de Mailly couchée avec Louis XV.

Chap. XLVII. — Mort de madame de Vintimille; désolation du roi; ses remords religieux; jalousie de Maurepas.

Chap. XLVIII. — Exil de madame de Prie; sa fin tragique.

Chap. XLIX. — Exil et mort de madame de Mazarin; madame de Flavacourt, son portrait et son caractère; son entrée en cour; sources de l'inimitié déclarée entre madame de la Tournelle et M. et madame de Maurepas.

Chap. L. — Élévation de la maison d'Aiguillon; le roi devient amoureux de madame de la Tournelle; histoire des intrigues du duc de Richelieu; sa conduite avec les femmes; il sert le roi et il en est servi dans les intrigues d'amour.

Chap. LI. — Madame de Mailly donne sa place à sa sœur, madame de la Tournelle; conditions préalables de madame de la Tournelle pour s'attacher à Louis XV.

Chap. LII. — Madame de Mailly est enfin renvoyée; sa douleur; madame de la Tournelle.

Chap. LIII. — Étude du caractère de Louis XV, délivré de la tutelle du cardinal de Fleury à l'âge de trente-trois ans; son humeur mélancolique; ses finances; sa timidité naturelle; nature de son esprit; parti de madame de la Tournelle.

Chap. LIV. — Récapitulation des amours du roi; commencement de la faveur de mademoiselle de Montcarvel, sœur de madame de la Tournelle; Richelieu récompensé par madame de Châteauroux.

Chap. LV. Caractère de la reine Marie, depuis les infidélités du roi Louis XV, en 1742, jusqu'à cette année 1744; sa conduite envers les maîtresses du roi; conduite du roi envers elle.

TOME SECOND

CHAP. LIV. — Guerre d'Allemagne en 1741 et en 1742; conquête de la Bohême; prise de Prague; désolation et fureur de Marie-Thérèse; défection du roi de Prusse.

CHAP. LV. — L'armée française assiégée dans Prague; horreur de ce siége; sorties vigoureuses de Biron; retraite de Prague.

CHAP. LVI. L'Angleterre se déclare contre nous, le maréchal de Noailles est nommé général d'armée contre les Anglais; action d'Ettingen; Broglie s'enfuit de la Bavière; Charles VI implore Marie-Thérèse; fin du siége d'Égro; les Français emmenés captifs en Bohême; leur courage sur cette terre ennemie.

CHAP. LVII. — Le roi quitte les orgies de Choisy pour commander dans les camps; le duc de Richelieu appelle madame de Châteauroux; toute l'armée en est scandalisée; le roi quitte cette armée et tombe malade à Metz.

CHAP. LVIII. — Progrès de la maladie du roi à Metz; il se forme à la cour de Louis XV deux partis; on veut faire chasser madame de Châteauroux par le moyen du confesseur; caractère du Père Pérusseau, jésuite, confesseur du roi.

CHAP. LIX. — Défaillance de Louis XV; renvoi de madame de Châteauroux et de madame de Lauraguais; scène de la chambre du roi mourant; foudres de l'Église lancées par l'évêque de Soissons; le roi est abandonné de ses ministres, de ses courtisans, de ses médecins; un empirique, par une forte dose d'émétique, sauve Louis XV.

CHAP. LX. — Retour du roi dans la capitale; madame de Châteauroux est insultée.

CHAP. LXI. — Le roi, après sa triomphante réception à Paris, va chercher de nuit la duchesse de Châteauroux; lettre de cachet pour plaire à madame de Châteauroux.

CHAP. LXII. — Dénoûment de l'affaire du Père Pérusseau, jésuite, avec la favorite; le roi appelle le Père Kell, jésuite, à la cour; adresse de Pérusseau; fin du règne des confesseurs des rois de France.

CHAP. LXIII. — Balleroy est exilé; disgrâce mitigée de Fitz-James, évêque de Soissons, humiliation de Maurepas, chez madame de Châteauroux, dans son lit, malade; maladie de la duchesse, qui meurt; anecdote du portefeuille de madame de Châteauroux.

CHAP. LXIV. — Le roi désire s'attacher madame de Flavacourt; comment s'y prit le duc de Richelieu; ce qui lui en arriva.

CHAP. LXV. Portrait de la comtesse de Mailly, première favorite de Louis XV; anecdote de l'église de Saint-Roch; portrait du Père Renaud, de l'Oratoire; mort de madame de Mailly.

CHAP. LXVI. — Seconde campagne de Louis XV en Flandre, en 1745; siége de Tournay; bataille de Fontenoy, écrite sur les correspondances de la cour; Tournay capitule; Sourvé prend Bruges; Lowendal prend Ostende; prise de Nieuport; Ath pris par Clermont-Gallerande; le maréchal de Saxe termine la campagne de 1745, et s'empare de Bruxelles, dans le cœur de l'hiver.

CHAP. LXVII. — Cour du roi Stanislas, beau-père de Louis XV, caractère et aventures de ce prince; mœurs de sa cour et de la noblesse lorraine; anecdotes et intrigues amoureuses; règne des beaux-arts et des belles-lettres en Lorraine, portrait du maréchal de Beauvau; Voltaire; le président Hénault; le comte de Tressan, etc.; sa triste mort; histoire de Bébé, nain du roi de Pologne.

CHAP. LXVIII. — Princes légitimés; mort du duc du Maine et du comte de Toulouse; vieillesse de la duchesse du Maine; le comte de Clermont; la princesse de Conti; les Condé; Charolais; le vieux duc d'Orléans théologien, à Sainte-Geneviève; le duc et la duchesse de Chartres; leur portrait.

CHAP. LXIX. — Amour de Louis XV pour le jeu; son trésor particulier; l'étiquette de la cour; intérieur des appartements de la reine; sa société; sa dévotion; style de ses lettres; caractère des princesses ses filles; madame Adélaïde; anecdote sur un livre malhonnête.

CHAP. LXX. — Histoire de madame la marquise de Pompadour, maîtresse de Louis XV; Binet, son parent, la procure au roi; deux partis s'élèvent à la cour, celui de la favorite et celui du Dauphin; portrait de M. d'Étioles, époux de la favorite, premières tracasseries de la favorite; son ton de grisette à la cour; sa présentation solennelle; le marquis d'*Avant-hier*, frère de madame de Pompadour; elle achète la Selle, Cressy, Aulnay, Brinborion, Marigny, Saint-Remy, Bellevue, plusieurs autres possessions, et des hôtels à Paris, à Fontainebleau, à Versailles et à Compiègne; anecdote du château de Bellevue.

CHAP. LXXI. Assassinat de Louis XV, le 5 janvier 1757; le parti du parlement l'attribue aux jésuites; les jésuites l'attribuent au parlement.

CHAP. LXXII. — Madame de Pompadour vend le royaume de Marie-Thérèse; négociations secrètes avec l'impératrice.

CHAP. LXXIII. — Premier traité du 9 mai 1756 entre la France et l'Autriche; portrait de l'abbé de Bernis; ses liaisons avec madame de Pompadour.

CHAP. LXXIV. — Le maréchal de Richelieu est nommé pour aller commander à Mahon; siége et conquête du fort.

CHAP. LXXV. Le maréchal de Richelieu va remplacer le maréchal d'Estrées; il fait des progrès rapides dans l'électorat de Hanovre.

CHAP. LXXVI. Le maréchal de Richelieu va prendre possession de son gouvernement; il tient le plus grand état à Bordeaux; nouvelles intrigues avec les femmes.

CHAP. LXXVII. Tableau du Parc aux Cerfs; honteuse vieillesse de Louis XV; ses maîtresses et ses aventures secrètes; madame de Maillé-Brézé, mademoiselle de Romans; mademoiselle Tiercelin et autres sultanes.

CHAP. LXXVIII. Le comte du Barry fait connaître au maréchal sa maîtresse, mademoiselle Lange; elle devient maîtresse du roi; mort de Lebel, occasionnée par une vivacité de Louis XV.

CHAP. LXXIX. Présentation de madame du Barry.

CHAP. LXXX. Suite des détails de la cour : mort de Louis XV; Richelieu va dans son gouvernement.

CHAP. LXXXI. Louis XV meurt de la complication de trois maladies; intrigues pour empêcher sa confession; une maladie affreuse le consume; le peuple satisfait; épitaphe; madame du Barry juge le règne de Louis XVI;

CHAP. LXXXII. Procès de madame de Saint-Vincent; détails sur cette affaire; histoire d'un nommé Colin.

CHAP. LXXXIII. Richelieu parvient à se faire des amis à la cour; il est moins mal vu du roi et borne son ambition à régir la Comédie italienne; détails de ses plaisirs; il revoit Voltaire à Paris; il se marie pour la troisième fois et épouse madame de Rothe.

CHAP. LXXXIV. Le maréchal s'occupe entièrement du tribunal et de la Comédie; il n'est point fidèle à sa dernière femme; une ancienne maîtresse le fait son légataire universel; le maréchal perd la tête, on lui ôte le tribunal; il meurt.

MÉMOIRES

SUR LES

JOURNÉES DE SEPTEMBRE
(1792)

1 VOLUME IN-18

AVANT-PROPOS. — Mon agonie de trente-huit heures ou récit de ce qui m'est arrivé, de ce que j'ai vu et entendu pendant ma détention dans la prison de l'Abbaye Saint-Germain, depuis le 22 août jusqu'au 4 septembre 1792, par M. de Jourgniac de Saint-Méard, ci-devant capitaine commandant des chasseurs du régiment d'infanterie du roi; quatorze heures du comité de surveillance de la commune. — Dix jours à l'Abbaye. — Commencement de mon agonie de trente-huit heures. — Dernière crise de mon agonie. — A mes ennemis.

Quelques-uns des fruits amers de la Révolution, et une faible partie des journées des 2 et 3 septembre 1792.

Relation adressée par M. l'abbé Sicard, instituteur des sourds-muets, à un de ses amis, sur les dangers qu'il a courus les 2 et 3 septembre 1792.

Déclaration du citoyen Antoine-Gabriel-Aimé Jourdan, ancien président du district des Petits-Augustins et de la section des Quatre-Nations, 1er floréal an II.

Extraits des séances de la municipalité qui s'installa de vive force à l'hôtel de ville dans la nuit du 10 août 1792.

État des sommes payées par le trésorier de la commune de Paris pour le Conseil général, pour dépenses occasionnées par la Révolution du 10 août 1792.

Éclaircissements historiques et pièces officielles.

Sous presse:

MÉMOIRES ET PENSÉES DU COMTE DE SÉGUR ET DU PRINCE DE LIGNE.   1 vol.
MÉMOIRES DE M. LE MARQUIS DE BOUILLÉ   1 vol.
CORRESPONDANCE DE Mme DU DEFFANT AVEC H. WALPOLE.   1 vol.
JOURNAL DE COLLÉ.   2 vol.

LES NIÈCES DE MAZARIN

Mœurs et Caractères au XVIIe siècle

PAR

AMÉDÉE RENÉE

CINQUIÈME ÉDITION

1 VOL. IN-8°. — PRIX : 6 FR.

MAZARIN ; sa naissance, sa famille, sa jeunesse en Italie ; vie privée de Mazarin en France ; éducation de ses nièces.

LAURA MANCINI ; son mariage avec le duc de Mercœur, petit-fils de Henri IV ; celui-ci est nommé gouverneur de la Provence ; amitié du roi pour Laura ; mort de la duchesse de Mercœur ; son mari se fait prêtre.

ANNE-MARIE MARTINOZZI ; son mariage avec Armand de Conti, qui est nommé gouverneur de Guyenne ; jalousie de Conti ; bienfaisance de sa femme ; mort de Conti ; piété de la princesse jusqu'à sa mort.

LAURA MARTINOZZI, *duchesse régente de Modène* ; son mariage avec le prince de Modène ; campagnes du jeune prince ; il meurt laissant à Laure la tutelle de son fils ; mariage de sa fille avec le duc d'York ; Laure se retire à Rome.

PHILIPPE MANCINI, *duc de Nevers* ; sa jeunesse orageuse, son mariage avec mademoiselle de Thianges, sa conduite bizarre avec sa femme ; son amour de la poésie.

OLYMPE MANCINI, *comtesse de Soissons* ; son éducation avec le roi, qui s'attache à elle ; son mariage avec Eugène de Carignan, de la maison de Savoie ; amours du roi ; ses relations avec Olympe, qui est nommée surintendante de la maison de la reine ; de Vardes lui fait la cour ; intrigues contre la Vallière ; amour du comte de Guiche et de Madame ; mort du comte de Soissons ; Olympe se trouve accusée d'empoisonnement par la Voisin ; elle prend la fuite ; sa cour à Bruxelles ; son voyage en Espagne ; sa vie dans ce pays ; mort de la reine d'Espagne ; soupçons d'empoisonnement ; fuite de la comtesse en Allemagne ; son grand train de maison ; retour de Vardes à la cour ; Mort d'Olympe.

MARIE MANCINI, *connétable Colonna* ; son arrivée en France ; le roi s'éprend d'elle ; voyage de Lyon ; projet de mariage de Louis XIV avec Marguerite de Savoie ; ce qui le fit rompre ; passion du roi pour Marie ; opinion de la reine sur cet amour ; résistance de Mazarin au mariage de sa nièce avec le roi ; mariage du roi avec l'infante d'Espagne ; Marie se retire auprès de sa sœur Hortense au palais Mazarin ; le roi l'envoie en Italie épouser le connétable Colonna ; son luxe à Rome ; mécontentement du connétable ; fuite de Marie en Provence ; sa retraite à l'abbaye du Lys ; elle se rend en Savoie et de là dans les Pays-Bas espagnols. Arrêtée et jetée dans un couvent d'Espagne, elle parvient à s'échapper ; revenue avec son mari, celui-ci la fait de nouveau enfermer dans un couvent.

HORTENSE MANCINI, *duchesse de Mazarin* ; prétendants à sa main ; Hortense épouse le duc de la Meilleraye ; son immense fortune ; jalousie et bizarre conduite du duc ; scènes conjugales, Hortense au couvent ; son mari essaye de l'enlever ; délivrance d'Hortense; sa fuite en Lorraine; conduite du duc de Nevers envers elle; Hortense se rend à Milan; le roi la protège contre son mari; de retour à Rome, elle s'enfuit en Provence avec sa sœur Marie Mancini, et de là en Savoie; sa vie à Chambery; son arrivée en Angleterre; le roi s'éprend d'elle; amour de la duchesse pour le prince de Monaco; existence agréable qu'elle mène en Angleterre; ses amours; le prince d'Orange lui retire la pension que le roi lui faisait; ses embarras d'argent; sa mort en 1699; regrets de Saint-Evremond.

MARIE-ANNE MANCINI, *duchesse de Bouillon*; avances de la maison de Bouillon pour épouser Marianne; singulière plaisanterie de Mazarin envers sa nièce; son esprit; Turenne revient à la charge; la reine consent au mariage de Marianne avec Maurice, duc de Bouillon, 1662; l'hôtel de Bouillon devient le rendez-vous des beaux esprits; elle encourage la Fontaine; elle cabale contre Racine en faveur de Pradon; sa retraite au couvent; son goût pour l'astrologie la conduit chez la Voisin; compromise et citée devant le tribunal, elle est acquittée; le roi l'exile à Nerac; son voyage en Angleterre, en Italie; madame de Bouillon et la duchesse de Hanovre; grande existence et beau caractère de la duchesse de Bouillon.

MADAME
DE MONTMORENCY

PAR

AMÉDÉE RENÉE

DEUXIÈME ÉDITION

1 VOL. IN-8° — PRIX : 6 FR.

PREMIÈRE PARTIE. Origine de Marie Orsini; sa famille à Rome; son mariage avec Henri de Montmorency; caractères et portraits; premiers temps de leur union; passion extraordinaire de la femme, inconstance du mari; Montmorency gouverneur du Languedoc; ses combats; sa valeur chevaleresque; Montmorency appelé le *protecteur des poëtes*; les hôtels de Rambouillet et de Montmorency à cette époque; la duchesse de Montmorency célébrée sous le nom de *Sylvie*, le poëte Théophile, ses aventures; condamné au bûcher, il trouve un refuge au château de Chantilly, près de la duchesse; la *Maison de Sylvie*; Théophile décrit dans ses vers tous les passe-temps de la duchesse et les beautés du Chantilly d'alors; le poëte Mairet chante *Sylvie* et les exploits d'*Alcide* (Montmorency); les amours de Montmorency et de la marquise de Sablé; leurs portraits retrouvés dans le roman du *Grand Cyrus*; exploits et aventures de mer de Montmorency, amiral de France.

DEUXIÈME PARTIE. Richelieu et Montmorency; duels du comte de Boutteville, cousin de Montmorency; le duc et la duchesse implorent sa grâce; Boutteville est condamné à mort et décapité; campagnes de Montmorency contre le duc de Rohan; Richelieu, généralissime; ses prétentions militaires; Montmorency se déclare *le chevalier de la reine*; ses campagnes dans les Alpes; Louis XIII, malade et mourant à Lyon; intrigues, scènes d'intérieur; Richelieu implore l'assistance de Montmorency; Marie de Médicis et Richelieu; leurs amours, puis leur haine; le duc et la duchesse de Montmorency dans la *Jour-*

née *des Dupes*; le poëte Mairet chante *Alcide* et *Sylvie*; le duc et la duchesse retirés à Chantilly; Montmorency rappelé en Languedoc; ses mécontentements; Gaston lui envoie de Bruxelles l'abbé d'Elbène pour le gagner; il hésite et il s'engage; invasion de Gaston, défaite de Castelnaudary; le portrait de la reine trouvé au bras de Montmorency prisonnier; détails de son jugement; efforts des grands pour le sauver; intérêt qu'il inspire dans tout le royaume; Louis XIII inflexible; rôle de Richelieu; particularités du supplice.

TROISIÈME PARTIE. La duchesse de Montmorency reçoit au château de la Grange la lettre d'adieu de son mari; elle est conduite et renfermée au château de Moulins; son besoin de mourir; elle présente ses bras à un serpent; avait-elle trempé dans la faute de son mari? examen; opinions diverses à ce sujet; combats de son amour et de sa piété; elle s'efforce de pardonner; ses luttes, son désespoir; elle apprend la mort de Richelieu; sa lettre au prince de Condé; rôle odieux de ce personnage dans le procès de son beau-frère; madame de Montmorency au couvent de la Visitation; sainte Chantal meurt dans ses bras; ressemblance de ces deux âmes; madame de Montmorency fait élever un tombeau à la mémoire de son mari; la veuve de Charles Ier, la duchesse de Longueville, Christine de Suède, Louis XIV et sa mère vont visiter la veuve de Montmorency; ses ressemblances avec Marguerite d'Autriche; instructions spirituelles; paroles éloquentes de la duchesse de Montmorency; ses derniers moments.

APPENDICE. Détails sur la conversion du connétable de Lesdiguières et des maréchaux de Caumont la Force et Châtillon; coup d'œil sur les diverses branches de la maison de Montmorency; histoire descriptive des divers hôtels de Montmorency à Paris, du château de la Grange des Prés, près de Pézenas, et des châteaux de Chantilly et d'Écouen; lettres du poëte Théophile au duc et à la duchesse de Montmorency; poésies de Mairet et de Scudéry adressées aux mêmes; le duc de Montmorency peint sous le nom de Celiman dans le roman de *Selisandre*; pièce jouée en patois à Toulouse devant le duc et la duchesse; détails sur le procès et le supplice des comtes de Bouteville et des Chapelles, arrestation et procès du maréchal de Marillac; Richelieu dansant une sarabande en costume de baladin devant la reine Anne d'Autriche; histoire descriptive du château de Moulins; légende du comte de Morel, bâtard de Henri IV; description du mausolée de Montmorency, à Moulins; jeunesse et poésies françaises de Marguerite d'Autriche; l'église de Brou, tombeaux de Philibert, de Marguerite de Bourbon et de Marguerite d'Autriche.

LOUIS XVI ET SA COUR

PAR

AMÉDÉE RENÉE

1 VOL. IN-8° — PRIX : 6 FR.

CHAPITRE PREMIER. Avénement de Louis XVI; état des esprits en France; société, coup d'œil sur l'Europe; le roi, la reine; leur éducation, leur genre de vie; le comte de Maurepas devient premier ministre; MM. de Vergennes, du Muy, Turgot, entrent au conseil; leurs antécédents, leurs portraits; doctrines et premiers actes de Turgot; rappel de l'ancien parlement; la cour et le ministère partagés sur cette question; les frères du roi, les princes du sang; leur caractère; émeute des farines; sacre de Louis XVI; opinions de Maurepas et de Turgot à ce sujet; entrée au ministère de Malesherbes et du comte de Saint-Germain; leur caractère; réformes de Turgot; suppression de la corvée; abolition des maîtrises et jurandes; projet de constitution politique; opposition de la cour, de la magistrature et des métiers contre Turgot; réformes de Saint-Germain; retraite de Malesherbes; disgrâce et renvoi de Turgot.

CHAPITRE II. Ministère de Clugny; entrée de Necker aux affaires; son caractère, ses réformes d'administration et de finance; commencement d'opposition de la cour, des parlements, de la noblesse et du clergé; institution des assemblées provinciales; l'opposition grandit contre Necker; il est soutenu par les gens de lettres et les classes moyennes; publication du *Compte-rendu*; déchaînement des parlements et de la cour contre le ministre; sa démission, sa popularité; haute estime dont il jouit en Europe; soulèvement des colonies anglaises; révolte de Boston; combats de Lexington, de Brunker's hill, etc.; premier congrès: déclaration des droits; évacuation de Boston par les Anglais; deuxième congrès: déclaration d'indépendance; Franklin à Paris; son portrait; traité de commerce et d'alliance de la France avec l'Amérique; son caractère; Joseph II à Paris, but de son voyage; retour et triomphe de Voltaire.

CHAPITRE III. Commencement de la guerre d'Amérique : combat d'Ouessant; départ de la flotte de d'Estaing; son arrivée dans la Delaware, état de l'opinion sur la guerre; discordes entre les Américains et les Français; faits d'armes des Français dans les colonies; mission armée du général Rochambeau; départ de la flotte du comte de Grasse; succès des Américains et des Français; l'Angleterre négocie avec l'Amérique; bataille de la Dominique; blocus de Gibraltar; Suffren aux Indes; traité de paix; paix de Teschen; Fleury et d'Ormesson, contrôleurs généraux; mort du comte de Maurepas.

CHAPITRE IV. La reine, son éducation, sa position en France, sa société intime; caractère et genre de vie de Louis XVI; Monsieur, le comte d'Artois; le duc d'Orléans et les autres princes du sang; ministère de Calonne; ses opérations, ses prodigalités; procès du collier; crédulités et superstitions de l'époque; découvertes scientifiques; traité de commerce entre la France et l'Angleterre; affaire des Bouches de l'Escaut; déficit des finances; projets de Calonne.

CHAPITRE V. Convocation des notables, mort de Vergennes; discours d'ouverture de Calonne; travaux et opposition des notables; renvoi de Calonne; influence de la reine; elle porte au ministère le cardinal de Brienne; clôture de l'Assemblée; opposition du parlement, rappel; l'opinion soulevée contre la reine; coup d'État contre le parlement; opposition des parlements de province; détresse croissante du trésor; Brienne consent à la réunion des états généraux; rappel de Necker; position extérieure de la France.

CHAPITRE VI. Second ministère de Necker; ses mesures de finances; ses desseins politiques; seconde assemblée des notables; mouvement des esprits à l'approche des états généraux; sentiments des différentes classes; écrits divers; ordonnances de convocation des états; mode d'élection; incidents; cahiers des trois ordres; conclusion.

VIE
DE MARIE-ANTOINETTE
PAR MM. DE GONCOURT

DEUXIÈME ÉDITION

1 VOL. IN-8° — PRIX : 5 FR.

LIVRE PREMIER. (1755-1774). I. Abaissement de la France au milieu du dix-huitième siècle; politique de l'Angleterre; traité de Paris; nouvelle politique française de

M. de Choiseul; alliance de la France avec la maison d'Autriche; naissance de Marie-Antoinette; son éducation française; correspondances diplomatiques et négociations du mariage; audience solennelle de l'ambassadeur de France; départ de Vienne de l'archiduchesse Antoinette.

II. Le pavillon de remise dans une île du Rhin; portrait de la Dauphine; fêtes à Strasbourg, à Nancy, à Châlons, à Soissons; arrivée à Compiègne; réception de la Dauphine par le Roi, le Dauphin et la cour; la Dauphine à la Muette; cérémonies du mariage à Versailles; accident de la place Louis XV.

III. La Dauphine à Versailles; sa gaieté, ses plaisirs; la comédie dans un cabinet d'entre-sol; le roi charmé par la Dauphine; jalousie et manœuvres de madame du Barry; dispositions de la famille royale pour la Dauphine : mesdames Tantes, madame Elisabeth, le comte d'Artois, le comte de Provence; le Dauphin; son gouverneur, M. le comte de la Vauguyon; son éducation; M. de la Vauguyon renvoyé par la Dauphine; portrait moral de la Dauphine; son instituteur, l'abbé de Vermond; le clergé et les femmes au dix-huitième siècle; madame de Noailles et madame de Marsan.

IV. Liaisons de la Dauphine; madame de Piquigny; madame de Saint-Mégrin; madame de Cossé; madame de Lamballe; entrée du Dauphin et de la Dauphine dans leur bonne ville de Paris; popularité de la Dauphine; intrigue du *parti français* contre la Dauphine et l'alliance qu'elle représente; M. d'Aiguillon; la Dauphine appelée *l'Autrichienne*.

LIVRE DEUXIÈME. (1774-1789). I. Mort de Louis XV; crédit de madame Adélaïde sur Louis XVI; intrigues du château de Choisy; M. de Maurepas au ministère; vaines tentatives de la Reine en faveur de M. de Choiseul; conduite de M. de Maurepas avec la Reine; MM. de Vergennes et de Muy hostiles à la Reine; influence de madame Adélaïde; madame Louise la Carmélite et les comités de Saint-Denis; rapport au Roi de madame Adélaïde contre la Reine; le *Lever de l'Aurore*; M. de Maurepas se séparant de mesdames Tantes; bienfaisance de la Reine; les préventions du Roi contre M. de Choiseul entretenues par M. de Maurepas; défiance du Roi.

II. La Reine et le Roi; le petit Trianon donné par le Roi à la Reine; travaux de la Reine au petit Trianon : M. de Caraman, l'architecte Mique, le peintre Hubert Robert; tyrannie de l'étiquette; une matinée de la Reine à Versailles; madame de Lamballe; rupture de la Reine avec madame de Cossé; madame de Lamballe, surintendante de la maison de la Reine; la Reine et la mode : coiffures, course en traîneau, bals; inimitiés des femmes de l'ancienne cour contre la Reine.

III. Portrait physique de la Reine; amour du Roi; la comtesse Jules de Polignac; commencement de la faveur des Polignac; première grossesse de la Reine; naissance de Marie-Thérèse-Charlotte de France; les Polignac comblés des grâces de la Reine; succession de ministres mal disposés pour la Reine : Necker, Turgot, le prince de Montbarrey, M. de Sartines; retranchements dans la maison de la Reine; la Reine se refusant à l'ennui des affaires; la Reine menacée par le parti français et forcée de se défendre; nomination de M. de Castries et de M. de Ségur; naissance du Dauphin; madame de Polignac gouvernante des enfants de France; son salon dans la grande salle du bois de Versailles.

IV. Ennui de Marly; le petit Trianon; la vie au petit Trianon; le palais, les appartements, le mobilier; le jardin français, la *salle des fraîcheurs*; le jardin anglais, le pavillon du Belvédère, le hameau, etc.; la société de la Reine au petit Trianon; le baron de Besenval, le comte de Vaudreuil, M. d'Adhémar; les femmes; Diane de Polignac; caractère de l'esprit de la Reine; sa protection des lettres et des arts; son goût de la musique et du théâtre; le théâtre du petit Trianon.

V. Exigences de la société Polignac; nomination de M. de Calonne imposée à la Reine; la Reine compromise par ses amis; plaintes et refroidissement des amis de la Reine; mort du duc de Choiseul; retour de la Reine vers madame de Lamballe; mouvement de l'opinion contre la Reine; achat de Saint-Cloud; tristes pressentiments de la Reine.

VI. La calomnie et la Reine; pamphlets, libelles, satires, chansons contre la Reine; les témoins contre l'honneur de la Reine : M. de Besenval, M. de Lauzun, M. de Talleyrand; jugement du prince de Ligne; exposé de l'affaire du collier; arrestation du cardinal de Rohan; défense du cardinal; dénégations de madame la Motte; dépositions de la d'Oliva et de Rétaux de Villette; examen des preuves et des témoignages de l'accusation; arrêt du parlement; applaudissement des halles à l'acquittement du cardinal.

VII. Le portrait de la Reine non exposé au Louvre, de peur des insultes; découragement de la Reine ; sa retraite à Trianon ; l'abbé de Vermond, conseiller de la Reine ; plans politiques de l'abbé de Vermond et de son parti ; M. de Loménie de Brienne au ministère ; la Reine dénoncée à l'opinion publique par les parlements ; retraite de M. de Brienne ; rentrée aux affaires de M. de Necker, soutenu par la Reine ; ouverture des états généraux

LIVRE TROISIÈME. (1789-1793). I. Situation de la Reine, au commencement de la révolution, vis-à-vis du Roi, de madame Elisabeth, de Madame, de la comtesse d'Artois, de Mesdames Tantes, de Monsieur, du comte d'Artois ; les princes du sang : le duc de Penthièvre, le prince de Condé, le duc de Bourbon, le comte de la Marche, le duc d'Orléans ; la reine et les salons : le Temple, le Palais-Royal, etc. ; la Reine et l'Europe : l'Angleterre, la Prusse, la Suède, l'Espagne, et Naples, la Savoie, etc. l'Autriche.

II. Chagrins maternels de Marie-Antoinette ; lettre de Marie-Antoinette sur le caractère et l'éducation du Dauphin ; mort du Dauphin ; éloignement de la reine du salon de madame de Polignac ; la comtesse d'Ossun ; séparation de la Reine et des Polignac, après la prise de la Bastille ; correspondance de la Reine avec madame de Polignac ; la révolution et la Reine ; plan d'assassinat de la Reine ; le 5 octobre ; le 6 octobre ; MM. de Miomandre et du Repaire ; la Reine au balcon de Versailles ; réponse de la Reine au Comité des recherches et au Châtelet.

III. La famille royale aux Tuileries ; les Tuileries ; la Reine et ses enfants ; la Reine prenant part aux affaires ; Mirabeau ; négociations de M. de la Marck auprès de la Reine ; entrevue de la Reine et de Mirabeau à Saint-Cloud.

IV. Varennes ; le départ ; le retour ; la surveillance aux Tuileries ; Barnave et la Reine ; la Reine au spectacle ; tumulte à la Comédie italienne ; insulte de l'*Orateur du peuple* ; la maison civile imposée à la Reine par la nouvelle constitution ; paroles de la Reine ; illusions de Barnave ; le parti des assassins de la Reine ; la Reine séparée de madame de Lamballe ; correspondance de la Reine avec madame de Lamballe.

V. Marie-Antoinette homme d'Etat ; sa correspondance avec son frère Léopold II ; son plan, ses espérances, ses illusions ; sa correspondance avec le comte d'Artois ; son opposition aux plans de l'émigration ; caractère de madame Elisabeth ; son amitié pour le comte d'Artois ; sa correspondance ; sa politique ; préoccupation de Marie-Antoinette du salut du royaume par le Roi.

VI. Le 20 juin ; la Reine enchaînée par la faiblesse du Roi ; la seconde fédération ; démarche du général Dumouriez ; démarche de M. de la Fayette auprès de la Reine ; outrages et insultes aux Tuileries ; la nuit du 9 au 10 août, la Reine au 10 août ; la Reine au *Logographe*, aux Feuillants ; départ pour le Temple.

VII. La Reine au deuxième étage de la petite tour du Temple ; séparation de madame de Lamballe ; le procureur de la Commune du 10 août, Manuel ; l'espionnage autour de la Reine ; souffrances de la Reine ; le 3 septembre au Temple ; la vie de la Reine au Temple ; outrages honteux ; la Reine séparée de son mari ; la Reine dans la grosse tour ; Drouet et la Reine ; délibérations de la Commune sur les demandes de la Reine ; procès du Roi ; dernière entrevue de la Reine et du Roi ; nuit du 20 au 21 janvier 1793.

VIII. Portrait de Marie-Antoinette au Temple ; état de son âme ; les dévouements dans le Temple et autour du Temple : Turgy, Cléry, les commissaires du Temple ; M. de Jarjayes ; Toulan ; projet d'évasion de la Reine ; billets de la Reine ; le baron de Batz ; sa tentative au Temple ; Marie-Antoinette séparée de son fils.

IX. Marie-Antoinette à la Conciergerie ; le concierge Richard ; impatiences de la révolution ; vaine recherche de pièces contre la Reine ; espérances du parti royaliste ; l'œillet du chevalier de Rougeville ; le concierge Bault ; discours de Billaud-Varennes ; lettre de Fouquier-Tinville.

X. Premier interrogatoire de Marie-Antoinette ; Chauveau-Lagarde et Tronçon-Ducoudray, ses défenseurs ; la Reine devant le tribunal criminel extraordinaire ; acte d'accusation ; les témoins, les dépositions ; les demandes du président, les réponses de la Reine à l'accusation d'Hébert ; épuisement physique de la Reine ; clôture des débats ; le procès de la Reine jugé par le *Père Duchêne* ; Marie-Antoinette condamnée et ramenée à la Conciergerie.

XI. Dernière lettre de la Reine à Madame Elisabeth ; le curé Girard ; Sanson ; Paris le 16 octobre 1793 ; la Reine sur la charrette ; le chemin de la Conciergerie à la place de la Révolution ; le mémoire du fossoyeur Joly ; la mort de Marie-Antoinette et la conscience humaine.

Paris. — Typographie de Firmin Didot frères, fils et Cie, rue Jacob, 56.

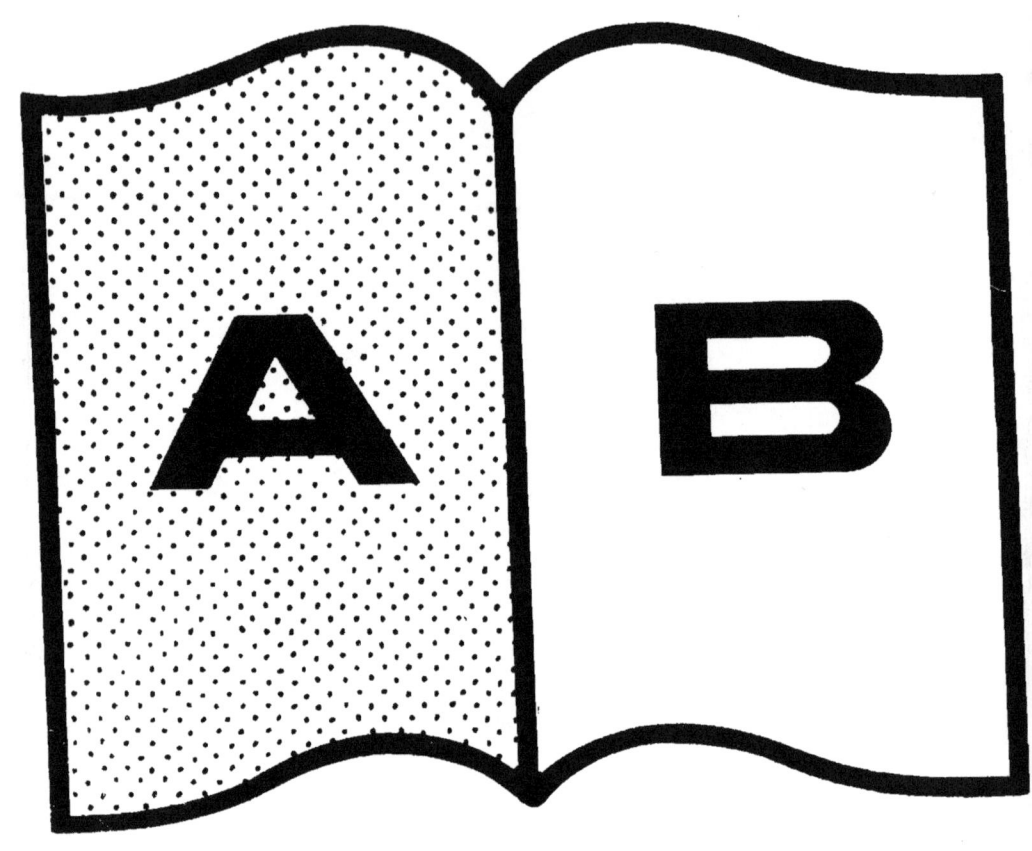

Contraste insuffisant

NF Z 43-120-14

www.ingramcontent.com/pod-product-compliance
Lightning Source LLC
Chambersburg PA
CBHW060714050426
42451CB00010B/1430